دوايرك

طارق التريري

طارق التريري, 2022 Published by.

While every precaution has been taken in the preparation of this book, the publisher assumes no responsibility for errors or omissions, or for damages resulting from the use of the information contained herein.

دوايرك

First edition. June 11, 2022.

ISBN: 979-8223919285

Written by طارق التريري.

دوايرك ديوان شعر أتمني ينال رضاكُم

طارق التريري

دوايرك ديوان شعر أتمني ينال رضاكُم

طارق التريري

أيام

ايام بنعد فيها
وبتشبه بعضها
بنقوم الصبح نحلم
بالليل بنلمها
شبكة أوهام ودابت
والصيد بيخُشها
ياكُل وينام يأنتخ
بعديها نجُرها
نفرح ونقول ب تتقل
ونفضي ف تُقلها
ونلاقي الهم طافح
طالع من وسطها
حبة مراكيب ودايبه
وحجاره ف وسطها
شبشب مقطوع معفن
من تاني نرُدها
نتحسر أد ساعه
وبعديها نفُضها
أحلام بُكرا اللي غرقت
ف بحور مين أدها؟
ونرجع من تاني نسرح
نتنهد بعدها
أيام بنعد فيها
وبتشبه بعضها

إلحق وامسك معانا

إلحق وامسك معانا
We need to talk
معاه
دوخنا ابن المُدانه
بهدِلنا كتير وراه
من حاره لسوق لشارع
على بال ما الصول لقاه
رايح يِعمل مُظاهره
على كام صُعلوك معاه
مع إن الدُنيا بمبى
قُله وماشيه الحياه
ف الحق وامسك معانا
We need to talk
معاه
واعزم خالتك بهانه
دي الشرم حتبقى ياه
بحر وشمس وعزايم
وحاجات بتشوفها اه
أول مره ف حياتك
وكمان تُقعُد معاه
وتعد ف إنجازاتو
وتلاقي العقل تاه
إسكان تعليم وصحه
وحقوق إنسان معاه
كارنيه من إنو منهُم
هُما صحاب الحياه
في بلاد خربت وفاضل
We need to talk
معاه

2

تمتمه

بحروف غريبه ومُبهمه
تمتمت وحدك للسما
بس العجيبه نزل مطر
ماعرفش فين كان في السما
مع إنو كان موسم جفاف
والأرض كانت مُعدمه
كُل الحُلول كانت سفر
ورحيل بعيد عن دي السما
والمُستحيل كان المطر
فجأه انفتح باب السما
بعد العطش فيا ارتويت
وشاورتلك بُص السما
هزيت دماغك وابتديت
ترجع تعاود تمتمه
فجأه ارتميت
في إيديك ب ابوس
علمني يلا التمتمه
ضحكت عينيك
ببريق غريب
ورفعت راسك للسما
القصه مُش بس الكلام
ولا هيا قصة تمتمه
السر غرسك في الحياه
وقيمة رصيدك ف السما

حُمار

حتعيش حُمار
وتموت حُمار
وحُمار دي كلمه مُهذبه
تتقال في وصفك بالغبا
بس الحقيقه ان انتا أغبى من الحُمار
كائن عديم الأجوبه
ومستني بس تشوف حُمار
بيقل عنك في الغبا
يوصفلك الوصفة التمام
يديك إجابه مُعلبه
عن إن عقلك شيئ حرام
يسقيك تفاهتو المُرعبه
يبدأ يظبط في اللجام
تبدأ تِلم ف أحجبه
متكرره القصه وكتير
ف بلاد كئيبه ومُتعبه
كارهه البراح جوا العقول
على طول ركوعها مُدربه
فيها البليد دايماً يسِيد
سَرَ يانو اكتر م الوبا
بيشكلوه وبيُعبدوه
ودا كُلو غير الطبطبه
فجأه الكريه بيصير زعيم
مع إنو يعني يادوب حُمار
وحُمار دي كلمه مُهذبه

انتخابات بلحه وبلوفر

عرفان العارف بيعَرف
عرفه وعرفات
من بُكرا القعده على القهوه
وطلب الطلبات
طبقاً لكلام صاحب الكلمه
وست الستات
الحاجه سنيه أم هريدي
زعيم الشنبات
ونسايب طلعت من طنطا
وزين في العياط
والحاجه عديله أم الباتعه
وجدة عدلات
الساكنه بدشنا مع اخواتها
ونسيوا الجوابات
لو حد قابلهُم يسألهُم
مين م البهوات
حيرشح نفسو عن الدايره
ونسقي الشربات
ولذلك خلصت قررنا
وشُغل انتخابات
لو عايز تُقعد ع القهوه
وان شا الله تبات
لازم تتحرك يامعفن
تمضي استمارات
علشان الريس يبنيها
وفى العز تبات
والرمز بتاعو أكيد بلحه
ومن غير أمهات
حتقولي (بلوفر) مترشح
راح أقولك هات

تأكيد وموثق من البوسطه
فرع الإمارات
من إن (بلوفر) بيفكر
بيجي انتخابات
مظبوطه وجداً على بلحه
فوقوا يابهوات
خلص واتحرك ياسي عرفه
وحرك عرفات
وامضولنا الورقه عشان نعرف
حنجيب طلبات؟
ولا السنيوره ام هريدي
تاخُد قرارات
نبدء م اللسته خلاص نُشطُب
عرفه وعرفات

دولة الأمن

دولة الأمن المُبينه
م الواحات ولحد سينا
لسا بتلملم حُدودها
وبعدها بتنده علينا
تبتدي وتسألنا مالكُم
مُش مشاركينا اللي فينا
واللي فيه احنا بسببكُم
شئ كريه مفروض علينا
لما كترتُم سجونها
ولما جرفتوا اللي فينا
من حنين في قلوب ولادها
تبقى ليهُم تبقى لينا
كُل شئ أصبح بتاعكُم
واحنا فاضل بس فينا
مُتعة الفُرجه عليكُم
تخربوها ويلا بينا
مدوا إيدكو تعالوا نرفع
همها وتمشي السفينه
والجواب من القلب طالع
هيا فين بس السفينه؟
زي إبداعكو ف خرابها
لما تمشي اتصلوا بينا
واحنا حنأمن حدودها
م الواحات ولحد سينا
لما نبقى حقيقي شُركا
مش غنم بتعدوا فينا

حواريين

مصر اللى حواريها
دايخه ف حواريها
بتحايل اللُقمه
شايفه المرار فيها
أما بقى لصوصها
ساكنه القصور فيها
وبينصحوك تُصبُر
حاول تمشيها
مُش لازم السُكر
في الشاي وعديها
والزيت بلاش منو
في الفول وبعديها
الله على صيامكُم
يامؤمنين بيها
وتعلموا عيالكُم
قيمة الركوع فيها
لكُل من طاطا
صهين وخد فيها
فجأه الكلام يخلص
ويجوعوا حواريها
وكلابها تستأسد
تملا حواريها

ستين سنه عسكر

كان الكلام ثوره
ويعودوا بعديها
يعمروا الثُكنه
يحموا أراضيها
واحلوت القعده
راقت لياليها
قلبوها لمُعسكر
واتجمعوا فيها
وكأنُهم جيتو
دُنيا لو حديها
والباقي خُدامهُم
مُستعبدين فيها
ولما ينهزموا
نكسه يسميها
والعبقرى الشاذلي
فاهم وقاريها
خطط وقال لازم
يبقوا شريك فيها
عدينا وعبرنا
ورجعنا بعديها
اللي انتصر أنور
وجا حُسني عاميها
صارت خلاص ضربه
جويه واديها
وادي كمان ادي
ونسينا بانيها
من ناس كتير ضحت
واستشهدت فيها
ومُهمشين احنا
عودنا لحواريها

وكفورها ونجوعها
بحكاوي نحكيها
ستين سنه عسكر
بيمصمصوا فيها
لحد ما بارت
جفت سواقيها
نسكُت ونتحسر
وتبص بعديها
تلقى الجبين أغبر
والذُل ماليها
وكأنها ضلِت
واستفردوا بيها
مابقاش خلاص منها
ولا م اللي كان فيها
غير بس لون كاكي
بالهم ماليها
والطبالين صارت
هُما الأمل ليها

صديقي الفارس

ومادام تلعب سياسه
يبقى ماتزعلش خالص
صعب تعين اللي ظالم
وتقولي انا لسا فارس
لما حتحفظ مقامك
تلقاني لوحدي بايس
خدك وب اقولك اهلاً
نبدء لم المتارس
ترجع تُحرُس حُدودك
وتسيبنى انا للمدارس
ابني واعلم عيالي
وابدأ حُريه امارس
تطلب أجناد تلاقي
عندك يكمل كفارس
صعب تكون المُحامي
وكمان إعلام تمارس
ويرودوا عليك فتزعل
تدخُل على الكُل دايس
واحفظ بينا المسافه
تلقاني الخد بايس
ب ادعي وب اتمنى نصرك
وتدوم لبلادي فارس

الطيبين

مابينفعوش الطيبين
مابيقنعوش الشعب دا
لو جابوا مية مليون يقين
وكمان ملايكه مؤيده
ان احنا منكو ومؤمنين
وعشمنا خير ل الشعب دا
يطلع عميل ووراه كتير
يحلف وتُبصُم مِسعده
ان احنا بس يادوب عبيد
ومافيش رئيس بالشكل دا
لازم يكون كدا ألعُبان
ويكون موالس للعدا
وان كان نضيف ب يمر مطوه
هوا التاريخ بيقول كدا
ويقولوا فيه كُل العبر
لو حتى خالتو السيده
ويطلعوه واطي وخسيس
ويقولوا أوسخ من كدا
ويجيبوا فسل ويزرعوه
ويسكنوه في الأورده
ويسيبوا إيدو فكُل شيئ
ويملكوه الأرصده
مهما طغى وذل العباد
متسلطنين أخر رضا
ويشيل تُراب فيها الجميع
ومجهزين كبش الفدا
أصل الظروف حكِمت عليه
ما قدرش يعمل غير كده
ويقولوا فيه أشعار كتير
وأغاني تافه ومُمرضه

وبيعملولو مقام كبير
وبينسبوه لعلي الرضا

موال البلد

يامفكر ينِها بَلَد
ومفكر بِنهُم ناس
تفرق معاهُم بَلَد
أو هَم مالي الناس
الحسبه طلعت غلط
والحق ع الإحساس
خلاك تشوفها بَلَد
خلاك تشوفهُم ناس
ولا يوم حتصبح بَلَد
إلا بهلاك دي الناس
وساعتها يبقى اتولد
فجر وبقينا ناس
نقدر نقول م البَلَد
يتقال علينا ناس
نرجع نشوفها بَلَد
ونقول بقينا ناس
ليهُم حقوق في البَلَد
ونصدق الإحساس
إن البَلَد دي بَلَد
وان اللي فيها ناس

هَمك

صعب جداً في البلد دي
تلقى حد تقولو همك
شوف صحابك شوف جيرانك
شوف خوالك ولا عمك
وتسامحني على التطاول
حتنأمك
مالها كُل الناس دي قافله
واللى هاممهُم كهمك
والعكار طابع وشوشهُم
ضغطُهم ضارب في دمك
والجميع بيوطى راسو
وعينو زايغه بعيده عنك
كُلو بيخبي ف مشاعرو
وانتا ب تحايل في ظنك
خير يارب تكون بسيطه
وأي حد يخف عنك
م الهُموم دي لو شويه
يبتسم ثم يأمنلك
يبتدي يصارحك بهمو
وانتا تحكيلو اللي همك
بس فين تلقاه وبلدو
قريبه ولا بعيده عنك
ربنا يسهل وتطرح
دعوتك يسمعها منك
ربنا وتتفك ضيقتك
تلقى حد تقولو همك

الشله

حبة كلاب ضاله
واستوطنوا فيها
بيجزوا فسنانهُم
حيكملوا عليها
واهو علو في الواطي
واللي بيديها
رقص وحاجات تانيه
متودكين فيها
وبيحسبوا الحسبه
لو حد قام فيها
كُل الحلول مُمكن
لو حتى يفنيها
وبيحبسوا النسمه
لو جات تلاغيها
ويدنسوا ترابها
رقة حواريها
ويقفلوا الدُنيا
في وشوش حواريها
مصر اللي جات مريم
نقشت خطاويها
في ترابها وارتاحت
كُل الأمان ليها
على صدرها عيسى
بارك خطاويها
من قبلُهُم يوسف
صار العزيز فيها
كُل البلاد ماتت
قمحِك بيحيها
مابيعرفوش قيمتك
ولا ينتموا ليها

يا راس ومرفوعه
ابداً ماتحنيها
مهما الكلاب كترت
واتمكنت فيها
مصر اللي في دماغُهم
شله بحراميها
لازم ح ينزاحوا
وتنضف حواريها
نلعن أبو الشله
لابو اللي حاميها

الدليل

وكتير مالهومش لازمه
لما بتدخُل في ليل
وكتير منك بيهرب
ساعة رد الجميل
على ايه تجلد في نفسك
تدخل نوبة عويل
ودا طبع وأصلو غالب
مُش محتاجه لدليل
وانتا اللي طلعت خايب
دايماً حظك قليل
بتصدق أي حاجه
وعلى طول بالك طويل
عُمرك ماتعوز أماره
ولا تجري ورا الدليل
مع إنك لو تدقق
حتلاحظ ألف ليل
في وشوش عاشقه المُلاوعه
دايماً جاهزه لبديل
مابتعرفش البراءه
لو شربت ألف نيل
يفضل برضو اللي فيها
من حقد ومن غليل
وتعود واقف لوحدك
قُدام صمتك ذليل
فجأه عرفت الحقيقه
فجأه لقيت الدليل
لكتير مالهومش لازمه
لما بتدخُل في ليل

طُز فى الأحلام

طُز في الأحلام وطُز
ف أي وقت اشتقت ليها
بُكرا بعدو تعود لو حدك
والدماغ واخد عليها
ألف صرمه قديمه وسخه
تبكي وعرفت اللي فيها
دُنيتك مابقيتش تنفع
غير يادوب يتعاش عليها
جنة الأحلام مُحاله
صعب توصل يوم إليها
إلا لو فضيت دماغك
م البلد دي وم اللي فيها
وغصب عنك تدي دمغه
لاجل يرضى موظفيها
بعدها تلملم جُدورك
م البلد دي وم اللي فيها
تنسى خالص يوم أصولك
أي حلم حلمتو فيها
وتنوي هجره لفين ماتعرف
أي مركب نُط فيها
إلحق أهرب نجي نفسك
م البلد دي وم اللي فيها
شوف بلاد للحِلم عاشقه
والبيبان مفتوحه فيها

مواطن باليوميه

مواطن باليوميه
اخرك تاكُل وتشرب
تستنى يمن سيدك
لُقمه ف ماتش ف مُسلسل
ترجع في الليل ب إيدك
فاضيه بتستني بُكرا
وان فُرجت يبقى عيدك
أخرك بس الموافقه
تُبصم وبكُل إيدك
إنك سلمتو أمرك
ويسمي كمان وليدك
دا ان يعني عرفت تدخُل
ندعي يقرب بعيدك
وتكمِل نُص دينك
تفرح ويهل عيدك
شهر ف شهرين تلاته
تبدأ تاخُد وعيدك
ميه ف اكل ف دكاتره
طوابير تستنى إيدك
جيبك مابقاشلو لازمه
ميت وب ايه يفيدك
فاضل بس اليوميه
واستنى يمن سيدك

الأماني

فجأه بتلقى الأماني
فيك لمت نفسها
مابقاش يطربها حسك
ولا فرط الشوق لها
حتى اما بتيجي سيرتك
مابقاش ب يشدها
تسأل عن كيفو حالك
ومصيرك بعدها
بتلم خلاص سنينها
ب حلاها ومُرها
وبترحل رغم إنك
ماشبعتش منها
وتصاحب خلق غيرك
وتجرب بختها
يمكن يصادفها عاشق
ويكون مُشتاق لها
تفتح باب المغاره
وتبوحلو بسرها
حلمك مابقاش ب يطرح
مابقاش ب يروق لها
صدت فيك المشاعر
واتبدل وقتها
صمتك بقى زي ضلك
وتسافر بعدها
تدخُل في دروب غيابك
مابقاش فاضل لها
غير بس تلم عودها
وتلملم نفسها
ترحل لبلاد بعيده
وتجرب حظها

دبلت فيك الأماني
مابقيتش تطيب لها

العطش

في بلاد ونيلها بيتحبس
عطشت خلاص
غير التحوت وأخو الرُطب
مابقاش فيه ناس
هُما اللي بس بيفهموا
وهُما الأساس
والباقي بس يادوب خدم
بيهز راس
حاضر أفندم تأمروا
وبعدين نُعاس
ونسيبها كامله مُكمله
ومرفوعه راس
نصحى نلاقيها ب تنتحب
عطشت خلاص
تاهت وضلت وانتهت
قتلوها ناس
أبداً ماكانوا بيحلموا
يشيلوا المداس
لما انتي كُنتي على الملأ
مرفوعه راس
والكلمه كانت كلمتك
ومافيش مناص
غير النزول على رغبتك
بوس المداس
أو إن خيلك تنطلق
وتذل ناس
حلمت مُجرد تشتهي
بنيلك مساس
أيام ماكُنتي بتُأمُري
وأمرك خلاص

 طارق التريري

قبل التحوت وأخو الرُطب
مايصيروا ناس
هُما اللي بس بيفهموا
وهدوا الأساس

قبل التحوت وأخو الرُطب
مايصيروا ناس
هُما اللي بس بيفهموا
وهدوا الأساس

طابور تمام

وتمام يا افندم
كُل شيئ أخر تمام
بس انتا تُأمُر حضرتك
تم الكلام
شجرة سعادتك فرعت
طرحت كلام
كُل المصانع والمكن
كرهوا المنام
غير بس لما يزوقوا
حروف الكلام
وكلام كأنو خيوط دهب
لأ مُش كلام
ياسلام يا افندم هوا دا
خلاصة الكلام
عايزين نسقي ف شُربتو
ونعمل برام
يمكن يكون فيه الشفا
يرُم العظام
وكأنو بلسم حضرتك
برد وسلام
وياريت تسجل حضرتك
حبة كلام
نسمعها يعني ونبتهل
قبل المنام
والحلم يكمل رؤيتك
رافع الحُسام
على بغله عرجه وحضرتك
ماسك اللجام
طوابير كتيره بيهتفوا
فين الكلام

وتحن طبعاً حضرتك
تبدأ كلام
والكُل يرقُص م الطرب
واهو دا الكلام
خُلِصِت خلاص ومافيش بلد
باقي الكلام
تُأمُر سعادتك حضرتك
أخر تمام
موِلد يوماتي بيتِنصب
وطابور تمام

لامؤاخذه يعني

زعلان خايف تقولها
إنك لا مؤاخذه يعني
اطمن كلو عارف
لكن سايق التأني
خايف ينطق لسانو
ندخُل سكة تدني
وصلة ردح وسخافه
والكُل يقوم يغني
تصبح سيرتو الكريمه
حلقات والباقي يعني
معروف سلفاً ياناصح
مُش عايزه فكاكه مني
إسم ف حتة قضيه
ونشوفوا دا صار تمني
ف اسكُت زي اللي ساكت
واتحجج بالتأني
علبال ما يبان أخرها
وادخُل عند أم يني
واسألها خلاص حتقفل
ولا حتنوي التأني
لو فاتحه يكون دا حظك
واديك نُلت التمني
تشرب وتروق وتنسى
إنك لامؤاخذه يعني
واطمن كُلو زيك
طبعاً لامؤاخذه يعني
بس بنكدب علينا
ونتعلق بالتأني
واحنا المضحوك علينا
بالصبر وبالتمني

اما الدُنيا بتاعتهُم
مافيهاش كلمة تأني
وشجرهُم كُلو طارح
وحلوق على طول تغني
مافيهُمش زباله زي وزيك
لامؤاخذه يعني

مارشال جمبري

رائد مُقاتل في الجيوش
ورئيس لقسم الجمبري
سبوبه يعنى على السريع
وأبوس إيديكي ما تُشخُري
ولسا التقيل جايلك ورا
بس انتي حاولي تقدري
لما الحُبوش يبنوا السدود
مُش حتلاقيني ودورى
فماتز عليش ولا تُلطميش
مانا كُنت ب اشوي الجمبري
وطبعاً أكيد حتعوزي عيش
وسلاطه جنب الجمبري
وعشان حبيبتي وماتهونيش
يابلادي حاضر تُأمُري
ننسى الحبوش ننسى السدود
حنقوم ونشوي الجمبري
بعديها شاي سُكر تقيل
وتُخُشي نامي وشخري
وان فوقتي يعني وبعد حين
ف أبوس إيديكي ماتُشخُري
اماالحبوش بقى والسدود
خلصت ولازم تُصبُري
مُش قادره؟ لمي المُغرمين
وتشاوروا بعض وقرري
حتحاربوا مين؟ وازاي؟ وفين؟
وسيبونا نشوي الجمبري
والنصر طبعاً شيئ جميل
بس احلى منو الجمبري

كوابيس

الله يابلادى عليكي
ياخُشاف في طبق بسبوسه
ياصفايح السمنه السايحه
من العين محروسه دايماً
لكن كالعاده بيحصل
منك حركات مفقوسه
نطلع من نُقره لحُفره
ننزل من خيبه لحوسه
بالله عليكي دا ينفع
على طول دايماً موكوسه
وعاهات على نفسِك كاتمه
شِلة تماثيل موروثه
من عهد حزين الأول
ولحد سلامتو ابونوسه
نفس التقاطيع والسحنه
ولامره يهشوا ناموسه
كُل الأمجاد في خيالهُم
فجأه بتطلع فنكوشه
وبلاد بتضيع ياحيلتها
قرب خُدلك كدا بوسه
في سجونها الورد بيدبل
وبنات قمرات محبوسه
روحنا نجيب الحُريه
ف رجعنا بأحمد موسى
واخواتو البقري وعزمي
ولميس على كام مفعوصه
هُما الثوار يابلدنا
ياخُشاف في طبق بسبوسه
واحنا الضالين ف ادعلينا
وادعي لملايين محبوسه

العيب

العيب مُش في العساكر
العيب تربيتك
ومجاري بقالها ياما
طافحه وبتفتتك
قتلت فيك الأماني
مسخِت شخصيتك
وانتا الباصم وصابر
وغريب في محاولتك
إنك تقنع في نفسك
ومُصمم حضرتك
إن الفدادين حتطرح
وتشوفها فدُنيتك
جدك كان برضو زيك
وتقابلو ف أخرتك
تلقاه لساه مصدق
مستعجل طلتك
يسأل عن طرح زرعو
وفدادينو فعُهدتك
وانتا تفأجو بغباوتك
ومساوئ طلعتك
أرضك بارت ياجدي
واتفضل حضرتك
كشف بلستة ضرايب
والباقي فعُهدتك
تمن العيشه فبلدهُم
والنومه فتُربتك

رساله لكُل نتنياهو

تكسب جداً يانينو
لكن دا مؤقتاً
لسا الأميرات بتحبَل
وبطولو لدا الوطن
في بطونها كتير فوارس
حالفه تزيح المحن
جايه وهلِت راياتها
وقُريب تمتحن
وتشوف غير اللي شوفتو
من شكل ومن سِحَن
رايحه ورايح زمانها
بتحضر في الكفن
حتغور ويغور معاها
ذِله وخِسه وعَفن
أشباه لرجال وكانت
تافهه ومالهاش تمن
لكن برضاكو عنها
كانت ماليه الوطن
كومبارس كتير ولكن
هانت جاي الزمن
وتشوف بعنيك فوارس
مابتعرفش السَكن
غير لما الحِلم يِكمَل
وترفرف ع الوطن
راية عِز وكرامه
تحتيها بتنطحن
أوهام لجدود جُدودك
وتصير جيفه وعَفن
يتزاحم الكون وسخكُم
ويعود طُهر الزمن

دُنيا بدونكُم ودونهُم
كومبارس ملوا الوطن
بادية الأميرات بتحبَل
وحتولد للمِحن
فرسان راضعه الكرامه
حافظه حدود الوطن

حياتك

فجأه بتحرِن حياتك
وتزِم ف وشها
وحلولها ماهيش كتيره
وبتشبه بعضها
باديه الأيام في جَلدَك
وبتاخُد حقها
مع إنك كُنت عابر
وما خدتش مِنها
غير بس يادوبو إسمك
وتوافه عِدها
كم طقه وكوم أماني
عُمرك ما مسِكتها
فاعمِل نفسك مهاوِد
وموافق طبعها
بَطل تتنبِش في نفسك
وافرِدها وفُكها
سِحنه استكفِت وشبعِت
م الدُنيا وعكها
لكن لازم مُهادنه
وتحايل أُمها
دُنيا تحب الملاوعه
والفاهم طبعها
لازم حيمشي حالو
وتتسهل بعدها
يا حييجي الموت ويأخدو
يا يوافق طبعها
ويمشي الحال معاها
يُصبُر على مُرها

عايزين نعرص

عايزين نعرص بس فين المقدره
لو حد يقدر م الأساتذه يقولنا
ياخُد ثوابنا وع الطريقه يدلنا
ونصير جنودو وله ولاءنا كُلنا
يصبح زعيمنا وفى الطريقه يإمنا
ونبوس إيديه ونقولوا طبعاً عمنا
وعم اللي جابنا وجاب ابونا وأمنا
واكيد كبيرنا كبير بلدنا وأهلنا
احنا المسيره وانتا تاجنا وحلمنا
وكفايه يعني ان انتا ناوي تضُمنا
نبدءمعاك تعريصنا ويدوم حلمنا
تصبح قائدنا وبيك نهاية فقرنا
بر الحقيقه خلاص وصلنا وكُلنا
بنهتف بإسمك دُمت راعي لمجدنا
أكبر معرص في الوجود وتدوم لنا
تشملنا دايماً بالمحبه تلمنا
بعديها نهتف م الفرح يابختنا
خلصت خلاص وقدرنا نفهم مصرنا
باديه تتعدل تفتحلنا
أبواب كتيره قفلها دايماً صدقنا
أو قول عبطنا ويعني قلة عقلنا
عايزين نعرص بس قلة بختنا
خلتنا تاني نعود ونمسك نفسنا
نُحضن وجعنا وصوتنا هادر مننا
متحملين يامعرصين
ومسيرها تطلع شمسنا

الكدابين

كدابين لمايقولولك
إحنا بنحب البلد دي
الحرامي اللي بيسرق
م البلدي
والجموع اللي بتكدب
م البلد دي
والمجاري الطافحه دايماً
في البلد دي
والشيوخ ماليه المنابر بالنفاق
أهل البلد دي
واللي بيأمن دُعاهم
برضو من أهل البلد دي
والزباله فكُل شارع
رمز لصحاب البلد دي
واللي حاصل في المدارس
بُكرا حيهد البلد دي
واللي بيجيب البراءه لأي مُجرم
م البلد دي
واللي بيقولك تفوت
واللي بيقولك تعدي
برضو من أهل البلد دي
كُلنا بكُل اللي فينا من وسخ
أهل البلد دي
كدابين لو قلنا يعني
إحنا بنحب البلد دي
إحنا من عُشاقها قولاً
اما فعلاً فوت وعدي

طَبِل

وطن التطبيل ديانه
حرفه واسلوب حياه
طَبِل تلقاك بتصبح
فجأه رئيس القُضاه
مع إنك لسا سارق
نُص متاع الحياه
والفيش مليان جرايم
بس التطبيل محاه
خلاه ابيض مزهزه
واداك مُفتاح نجاه
في وطن كاره لنفسو
ومِلِت منو الحياه
كُل الإنجاز يطبل
يرمي الأيام وراه
يصبح يلقاها عِكِت
يُصرخ وبألف آه
ومافيش غير بُكرا تفرج
وكتير يهتف معاه
مع إن الكُل عارف
طبل مايبنيش حياه
لكن عاشق يطبل
يمكن تُظبُط معاه

ملكوت

ملكوت للعشق قلبي
ومزار للعاشقين
عُمر مايخلص براحو
ولا فيه يهدا الحنين
مهما تدور الدواير
مهما يزيد الآنين
يفتح أحضانو دُنيا
وينادي المجروحين
يرسم في الكون معابد
ويهل المداحين
فاحت ريحة القصايد
غطا الأكوان حنين
وبخور مالي المداين
وايام بتجيب سنين
وسنين أبداً ماتخلص
ولا بيخلص حنين
لكتير عُشاق ف قلبي
وعُمري ما باسأل دا مين
مفتوح ملكوتو قلبي
على طول للعاشقين

فجأه

فجأه بتلقى الحياه
مُش فارقه معاك وصمتك
غالب على كُل شئ
جواك عطش الصحاري
والغيم مالي الطريق
تبدأ تنهش في نفسك
ويقوم فيك كم حريق
تفضل تُعصُر دماغك
وتدور عن صديق
كُل العناوين بتهرب
وبراح عمال يضيق
حواديت فيك اشتعالها
بحرك مليون مضيق
ونوارس طال رحيلها
ضلت فيك الطريق
ونايات مشروخه تُصرخ
لحنك ما يبل ريق
جهز فيك اشتعالك
وانسى نهاية الطريق
حتى ان بانت نهايتو
مُش باين فيه صديق

ما يُحكُمش

يحكُمك ما ا عرفش مين
أي حد مع احترامنا
حتى لو إلهام شاهين
يحكُمك مملوك بدرهم
يحكُمك غاصب لعين
أما مصري فلأ طبعاً
جاتلو جُرأه ازي منين
فكره مش مدروسه أبداً
واسألوه انتا ابن مين
فوقوه يعرف مقامو
عرفوه أصلو الحزين
فيه شروط للحُكم طبعاً
صعب مصري يعدي منها
وعايزه حد يكون متين
زي فيفي وزي سوسو
وزيها لإلهام شاهين
حد عالم بالحضاره وبالعماره
وعلمها ل إلهام شاهين
فاهمه فقه وفاهمه سُنه
ودايره تتكلم ف دين
دين حنين لسا طازه
لسا نازل من يومين
لو دخلتو حتبقى فاهم
بعدها الترشيح منين
كُلو حير شح جنابك
كُلهُم بيك مؤمنين
ألف بركه خلاص ياريس
يابنها لإلهام شاهين

مُسلمين

أيوا طبعاً مُسلمين
هدينًا سُنة نبينا
وشرعنا القرآن مُبين
تزعل انتا دا شيء يُخصك
لكن احنا مكملين
نقتدي بسُنة نبينا
ونهتدي بشرعو المُبين
وانتا مش مجبور تأمن
إلا لو جالك يقين
وفساعتها نقوللك أهلاً
زاد سُرورنا كمُسلمين
زينا فحقك وواجبك
وانتا مرفوع الجبين
إلا لما تحب تسجُد
بين إيدين غفار مُعين
واهل كُل الأرض أخوه
حتى لو مش مُسلمين
طول مامتعايشين معانا
وطول مابيحاربوش في دين
نفتديه بالروح ساعتها
ومُش مُهم نعادي مين
مهما كان مُلكو وجيشو
ومهما كان مسنود بمين
بس ما بنقتلش شجره
ولا راهب مُستكين
ديننا سهل بسيط وواضح
واحنا بيه مِتمسكين
عري كُل بنات شريعتك
لكن احنا مُحجبين
تزعل انتا داشيء يُخُصك

لكن احنا مكملين
نقتدي بسُنة نبينا
ونهتدي بشرعو المُبين

مُعارضه بالراحه

بلاد بُكراها في سجونها
هلافيتها على الساحه
مابين مُرتد بيهلفط
وبين شمطانه رداحه
وكُلو منهجو واحد
معارض بس بالراحه
مدام خربت بعيد عنو
وماشيه أمورو مرتاحه
معارض جوا حمامو
في بيتهُم مُش على الساحه
ويحزق أد مايقدر
توافه فكر فواحه
خلاص قال اللى في دماغو
وشد سيفونو بالراحه
وفاضل بس يوعظنا
بكُل سماجه وبواخه
خلاص هانت بتتسهل
وجايه الدُنيا طراحه
وفاضل بس نتصالح
نسيبهُم يُظبطوا الساحه
يغور بُكرانا في سجونهُم
يعارضوا هُما بالراحه
مابين مُرتد بيهلفط
وبين شمطانه رداحه

حظك كده

وطن الكأبه
وكل شئ مجبور عليه
من يوم ميلادك للرحيل
و حتعمل ايه؟
لو لك كبير جوا البلد
تِسنِد عليه
ومالكش تبقى ف مُشكله
ونعملك ايه؟
حظك وجابك دي البلد
تعتب عليه؟
ولا بشياكه تُفُضها
الحواديت يابيه
يصبح شعارك دُنيتك
وانا حاعمل ايه؟
غير صبر بس وكوم قصص
أخرتها ايه؟
حلمك بيصبح مشنقه
وترقُص عليه
حتى الأميره بتنتحر
واعملك ايه؟
حظك وجابك دي البلد
تكفر يابيه؟
ولابشياكه تلمها
وتعتاد عليه
واهو بُكرا جاي
ولا ماجاش نعملك ايه؟

يحيا العساكر

يحيا العساكر ويدوموا فينا
ونفنى بيهُم وتدوم خيبتنا
من نُقره نطلع ننزِل في حُفره
مليون لمونه ودوختنا
وياما لسا الجراب ياحاوي
مليان عساكر وساكنه بيتنا
واحنا الضحايا في بلاد بتندِب
وفكُل ثانيه ندفن جتتنا
خلونا نزهد في كُل حاجه
وبقينا جداً كارهين حياتنا
مابقاش فيه بُكرا غير بس ليهُم
واحنا انتظارنا ليوم مماتنا
كُل انتصار همُ يادوب علينا
ولا نافعه فيهُم أبداً صلاتنا
ومهما ندعي بيكون علينا
كأنو وزر ملازم حياتنا
لا وِتر نافع ولاشفع نافع
ولاحتى دعوة شيوخ حارتنا
وكتير ولايا رافعه الأيادي
من يوم ميلادنا وبطول حياتنا
ودُعاها يخلص فينا العساكر
أو فجأه يُعلن خبر وفاتنا

مُهمشين

بلد العباقره مُهمشين
ساكنين في أطراف البلد
وفقلبها قصور اللصوص
متوفرين وبدون عدد
فيها الجميع بيشيل في طين
بيعيش حزين ويموت كمد
وفكُل حاره فكُل بيت
ملايين يوماتي بتنجلد
ع اللُقمه حاف نُص الرغيف
وكأنو حلم بيتولد
سايره الألوف بتمُص خوف
صرخة بلال أحداً أحد
راجعه الألوف تعبت تطوف
كالعاده لايوجد أحد
الكُل ناموا مأنتخين
وسابوها تخرب دي البلد
وبيصحوا بس مع الحصاد
ويلموا خيرها ويتولد
شلة لصوص تبني القصور
والفُقرا صعب تقول عدد
وكتير عباقره مُهمشين
حلمانه وبتنحت مدد
يديك ويديهُم حياه
ونشوفها مره فيوم بلد

وامعتصماه

وطن المليار هزيمه
وبنحاول نبتسِم
من أول يوم ميلادنا
ولحد ماتتجِسم
فجأه يصحينا غازي
ورایاتو بتترسِم
على كُل حدود بلادنا
وممالك تتقسِم
عبد بيسجُد لسيدو
وجيوشو بتنهِزم
وسفيه بيهز ديلو
ويطالبك تلتزم
ترقُص تركع لسيدو
وتحاول تبتسِم
ترجع تُمضغ في ذُلك
تتمنى حتلتئِم
جراحات من يوم ميلادك
وخريطه بتنتقِم
منك من يوم سُكوتك
انتا وحبة غنم
مستني خيال يحارب
ويفُكك م العدم
وتشو فلك جاريه تُصرُخ
وتنادي المُعتصِم

أولويه

عند باب الشوق لوحدي
وتري نازف لحنو فيا
صمتي بير اود كلامي
ننتظر نُصبُر شويه
قبل ماتصرح بوجعك
تنتحب وتلوم عليا
كمل الفصل اللي باقي
شوف نهاية المسرحية
بعدها نحدد نكمل
ولا حنصرح شويه
والحروف تبدء تزهر
ولا كُل الوقت ليا
وبعدها بترجع تعاتب
يبقى كُل اللوم عليا
مره بادر قول وصرح
خف من صمتك شويه
والسكوت مُش كُلو حكمه
مره واحده تثور عليا
تبتدي تحرر حروفك
ينتهي الحُزن اللي بيا
وابقى صمت وراح زمانو
واللي جاي حروف عصيه
ع السكوت والصمت تاني
والكلام صار أولويه

أشباه رجال أشباه وطن

كُل اللى فاضل في الخيال
أشباه رجال أشباه وطن
والرقاصات ماسكه الصاجات
مجد العروبه بيندفن
خُصيان كتير وطت تشيل
جدر البطاطا وتتمحن
وشيوخ كلام نسل اللئام
اتخن مافيهم يتختن
لو بس مره يعلي صوت
حرك لسان عربي ورطن
والكُل صار عاشق كوهين
مابقاش حُسين مابقاش حسن
والباقي بس من اللى فات
ريحة وسخ ريحة عفن
ويلمُهُم بُكرا الشتات
ومافيش كرامه مافيش وطن
متحف كبير والغاوي صيد
يدخُل ويفرز م السِحَن
سِحنة خراب سِحنة خُضوع
ب ايديها بتجيب المحن
والباقي بس البوم كتير
عشش في أركان الوطن
خُصيان بتُحكُم في الحمير
لهجات كتيره ب تترطن
مافيهاش كلام عربي وفصيح
ولا كلمه واضحه عن الوطن
ورثوه كبير عالي ومُهاب
ويورثوه جُثه ف كفن
وكُل اللي فاضل في الخيال
أشباه رجال

طارق التريري

أشباه وطن

حاول تفووووق

من لزومها لدي الحياه
كُل عرص وعندو شله
تسندو وتُشخُر وراه
وانتا بس يادوب لوحدك
لأ ومستني الحياه
تُنصُرك وحدك عليهم
يا اخي احا وراها اه
قوم ياسيدنا وفوق شويه
الزمن دا زمن طُغاه
مُش زمان الحق يظهر
إلا لو ترتيب وراه
حد يشخُر حد يرقُص
حد يتمايل ب اه
غير كدا تخليك لوحدك
واحنا عُشاق الحياه
شخره ثُم وراها شخره
يضُمنا ونهتف وراه
عاش زعيم الإنسانيه
وألف رحمه على الطُغاه
كانوا عارفين الحقيقه
وعاشوا قُله فدي الحياه
روح بقى وكمل رسالتك
واحنا حنكمل وراه

ولاة الأمر

ياخيبتي الكُبرى في وطني
وخيبتي في ولاة الأمر
بيتباهوا بهزايمهُم
وفتحوا مية قزازة خمر
وبدأوا يلموا خُصيانهُم
وبينادوا يدوم العهر
ومية مدفع بتتمايل
وبتحي الشُداد السُمر
ثواني وتبدء السهره
وليله من ليالي العُمر
وطن وبكُل أطيافو
وبيساير ولاة الأمر
مشايخ ع الدما تُرقُص
بتتمايل وبتفسر
وبتقولك دا ديننا يُسر
وبتمصمص في كاساتها
وتتوضى لصلاة الفجر
وصلوا وبعدها ناموا
في أحضانهُم ملوك العهر
سابوني للجهاد وحدي
ووصوني بطولة الصبر
وانا وحدي بلاعسكر
بلا خيلي ولا حتى قصيدة شعر
وطالع للجهاد وحدي
وح ابدء من ولاة الأمر

شِد الرحال

وحنشِد الرحال لاتنين
خلاص التالت اتسلِم
وباقيلك تِلِم الدور
تحاول عبري تتعلم
تفُكك من كلام فاضي
عن الأُمه وتتألِم
لوحدك تلتحف حُزنك
ماحدش فاضي يتألِم
خلاص الأُمه بتعزل
ماعادش رجوله تتكلِم
ولا نخوه ولا عزه
ولا فاجر بيتندم
ويغسل إيدو من صمتو
يشيل الرايه يتقدم
وجامعه كُلها عبري
لا بتأخر ولا تقدم
فخلِي الرحله فيك لاتنين
خلاص التالت اتسلم
وكِبه يهودي فوق راسك
وتبدأ عبري تتعلم

أشباه شيوخ

شيوخ مخصيه ياوطني
أخر هُم يقبضوا النفحه
ويجمعهُم سلاطينهُم
يباركوا يبينوا الفرحه
ويتسابقوا ف فتاويهُم
بريحة دينهُم الفايحه
بدين كالح بيشبهُم
مجاري بالوسخ طافحه
لافيه إسلام ولا سُنه
ولاحتى الآيات واضحه
ديانه جديده لملوكهُم
ديانه ف دمنا سابحه
شيوخ تحت الطلب تفتي
فتاوي مقرمشه صابحه
تطمن قلب سيدهُم
مادامت خزنتو فاتحه
ومُش لازم صحيح سُنه
ولا لازم نصوص واضحه
دا دينهُم هُما بيه ادرا
بيفتوا ويملوا مية صفحه
ولا كلمه عن الهادي
ولا عن صُحبتو الفالحه
معاذ الله يحبوهُم
ولايحبوا الآيات واضحه
ديول مخصيه ياوطني
أخر هُم يسجدوا لنفحه
يوطوا يبوسوا إيد سيدهُم
جيوبهُم للجميع فاتحه
وديننا لوحدوا حيكمل
كُنوزو في الوجود فايحه

بعدلو وقيمتو ومقامو
وأشباه الشيوخ رايحه

بعدلو وقيمتو ومقامو
وأشباه الشيوخ رايحه

فاضل ايه

فاضل ايه أمريكا فيكُم تعمِلو
وما بتعملوش
ورقة التوت الأخيره
ولسا برضو ماحسيتوش
فعلها الفاضح وعلناً
ليل نهار وما تنطقوش
نصرُكُم دايماً علينا
وللأعادي مافيش جيوش
والسلاح بس لصدورنا
وقُدس لسا ماتعرفوش
أعلنوها خلاص تبعهُم
يلا ورونا الوحوش
واضربولكُم مره طلقه
مُش كلام هري وفاشوش
ع الملأ شاهت وشوشكُم
لعنة الله ع الوشوش
لعنة الله ع المواقف
ع الرجوله وع الكروش
دلدِلِت فاحت ريحتها
ع الكراسي وع العروش
ألف مره نقول تهبوا
وهاتوا مره ماوطتوش
نحنه ومُحن المشاعر
بعدها بتملوا الكروش
دمنا السايح بيلعن
رقصُكُم فوق النعوش
لعنه من گل اللي ماتوا
واللي عايش
واللي لسا كمان ماجوش
باقي ايه لأمريكا فيكُم تعملو

ومابتعملوش

ومابتعملوش

صوتك

وحدها الشبابيك بتفتح
لما فجأه يهل صوتك
والستاير هامسه حالمه
هايمه بتداعب شطوطك
والبيبان اهي باديه تفرح
تنسى وحدتها وسكوتك
من زمان عزفك عليها
كان واحشها وهمس صوتك
حتى صمت الليل بيعزف
لحن صافي ف وقت فوتك
ع الطريق ترسم بخطوك
رحلتك غُربة شطوطك
بس بتعاود وترجع
وابتسم واستنى فوتك
واحلم الشبابيك حتفتح
وحدها وتقبل شروطك
بالسهر ولألف ليله
طول ما دايم فيها صوتك

يابختها دماغك

ويابختها دماغك
فاضيه وع الزيرو
رايق بتشحنها
تعملها ماسبيرو
وتجيب رايات ياما
ترفعها وتسيروا
انتا وغباء طافح
ومافيش معاك غيرو
وشويه بيشيلك
وشويه بتشيلو
وبتعملوا مُظاهره
تنزل على الزيرو
ودا حالو لدماغك
طبعو وتفكيرو
مش فاهمه بتجحش
تعند تقول غيرو
والفهم فيك مُغلق
أو تم تشفيرو
والحل ف دماغك
تزرع دماغ غيرو

أمه على الورق

ويا أمه بس على الورق
وبخور كتير داب واتحرق
وكلام كتير عن مجد زال
ودماغنا م الهري اتفلق
واول مابيزعق كوهين
تلقى الجميع لبس الحلق
واتلموا وقفوا موطيين
واتخن مافيهُم يتلزق
وان حب حتى يقول يا آه
يتقالو أخرس يندعق
أتخن مافيهُم ضل فار
ويادوب قلم فجأه اندلق
على رجل سيدو باس كتير
سمع الكلام ومضى الورق
وعمل علينا احنا الأمير
وكلابو بتقولك صدق
مع إنو لسا بيرتعش
وف ودنو باين مية حلق
لكنو بيلم القطيع
داخل معارك ع الورق
والطبع غالب ع الجميع
ماهى أمه بس على الورق

انا م البلد دي

أنا م البلد دي
أنا م البلد دي
بلد أبويا وجد جدي
وكمان ولادي لوكان فيه بعدي
بواقي منها ياعم وجدي
ابداً ما مره ف يوم اتقابلنا
ولادار مابينا حوار وودي
كُل اللي فيها لمعر صيها
والباقي بس الدمو ع في خدي
والكُل ياخُد وانا اللي يدي
والدايره دايماً بتدور عليا
ولامره واحده قابلت سعدي
لازم يوماتي ألعن حياتي
واقوم مشخلل عشان أعدي
وان مرة طلعت من بُقي كلمه
نهارنا أسود ومش معدي
حيجرجونى لسجون كتيره
ويجيبو كُل اللي عدوا بعدي
والحفله تبدء طبعاً علينا
وكوم محاضر مفتوحه ضدي
وبعدو نهتف عايزين مُحامي
ويجي ينصح بحل ودي
فنبوس إيديهُم خلاص غلطنا
والباشا وافق ونهارنا وردي
أنا م البلد دي
أنا م البلد دي

سيره

جهز مشايخك عندنا حفله
والليله دنس ومكلمه كبيره
مولانا جاي وصُحبتو كامله
رافع حواجبو ومدي تكشيره
ف الأمر واضح ظبطوا القعده
وانسوا الجهاد والفقه والسيره
حتعوز لحوم حتلاقي بزياده
ولكُل واحد صندوقين بيره
ودا في البدايه وبعدها نُدخُل
على هبو صافي وأحلى تعميره
وحاجات كتيره يحبها قلبك
وبنات صبايا وبرضو فيه كبيره
على كُل لون ياباتستا وادلع
ودا كُلو بس يادوبها تصبيره
مولانا شاور قوم بقى وارقُص
واجدل ف دقنك واعملو ضفيره
واربُط حزامك شِد بالجامد
وابدء صعودك قُضها سيره
مارس طقوسك واعبُد الحاكم
وانسى الكلام عن فقه والسيره
مولانا فجأه رق وارتاحلك
والويسكي جايلك سيب بقى البيره
فاضل تعزل منها دي الحته
وانعش حياتك بدل الجيره
وتسيب كلام الحق لصحابو
للمؤمنين بالسُنه والسيره

مؤتمر القمه

مؤتمر القمه
لأكدب ناس
لسفيه ورذيل
وعديم أحساس
ولأنجس شئ
موجود في الكون
وبنغلط
لما نقول دول ناس
ومافيش في لُغات الكون
تعريف
أو وصف يقولك
ايه دي الناس
فتكون مضطر
تقول دي الناس
مع ان الكلمه بعيده كتير
وحرام يتقال
ع الصنف دا ناس
مؤتمر الرمه زبالة الناس
مشيها زباله ويلا خلاص
نايمين واكلين
شاربين مية كاس
وف أخر القعده
يضايقوا الناس
ببيان مسموم
وكلام وخلاص
عن إن ضروري
لابُد الصبر
رايحين أمريكا
لسيد الناس
ولابُد يتم العرض عليه

وبكدبه جديده
حنلهي الناس

مافيش فى العسكر استثناء

مافيش فى العسكر استثناء
نسيج واحد ومن يومهُم
نجوع احنا نموت احنا
ومانقدرش نُفطُمهُم
ونستخسر رغيف عيشنا
نوفرها ونديلهُم
وبنطبطب وبنادى
ونتحايل نهننهُم
وبنشيلهُم على دماغنا
وبنطيب فى خاطرهُم
ونستنى حينتصروا
فينكسروا يحين يومهُم
وكالعاده نكون احنا
هدفهُم يدفنوا همومهُم
وطنا ملكُهُم كُلو
وشبه احنا معازيمهُم
وسِنه بسِنه نتنازل
فنصبح فيها خُدامهُم
وحُراسهُم عساكرهُم
وفجأه يصبحوا ملوكنا
وقوتنا فى متاجرهُم
وناخُد عنهُم ديننا
وحتى المُفتى صار منهُم
بقينا نصوم على صيامهُم
ونستنى الأدان منهُم
دا كُلو وبرضو نتعاير
ياريتنا حتى عاجبينهُم
مافيش فى العسكر استثناء
وسعدك فى البُعاد عنهُم
وخيرهُم بس للشله
ولايُمكن يكون منهُم
يادوب احنا على الهامش
ودورنا بس نخدمهُم
وأول غازي يدخُلها
يكونوا ف خدمتو دينهُم
وسُنتهُم ومنهاجهُم

وشَرع وملـه فى دينهُم
مافيش فى العسكر استثناء
مافيش ابداً أمل منهُم

وشَرع وملـه فى دينهُم
مافيش فى العسكر استثناء
مافيش ابداً أمل منهُم

مساجينِك

منعونا نقوم نجاهد
لكن عاشقين تُرابِك
مهما بيجمعنا سجنِك
لكن بندُق بابك
والروح تفضل تسافر
تعدل لفة حجابِك
ونبوس إيدك نناغشك
نضحك نفتح جرابك
لو حتى اللُقمه ناشفه
وأكيد كانت منابك
لكن دايماً كريمه
يسلم ضهر اللى جابك
وقيام الليل في عشقِك
دومتي برغم اللي نابِك
بُكرا حيتفك سجنِك
مهما بتكتر كلابِك
اشبالك باديه تكبر
بُكرا تحرر تُرابِك
تمسح دمعة عيونك
تنهي الهم اللي صابِك

إخوان

دا إخوانجي
ومالها ياعم إخوانجي
لا هو سارق ولا ناهب
ولا خد منك الفدان
وبتناقشو وبتدينو وبتهينو
وما بيندهش ع السجان
ولا بيقفل عيادتو ولا الجامع
ولا يقوللك دا للإخوان
ولا اتحزم ولا طبل
ولا اتسهوك وقال تعبان
وسابك يقتلك عسكر
وتخسر من رهان لرهان
معاك دايماً في ميدانك
وقبلك يدخُل الليمان
فسيبك م اللي بيضلك
وراهنو وانتا مية كسبان
يجيب لك حد باع بانجو
رقص تانجو نوى دعاره
وكان إخوان
يجيبلك اسم رقاصه
ياهلاسه ياقواده من الإخوان
يجيبلك حد باع شرفو
وكان إخوان
ماهُمش ملايكه ياسيدنا
ولكن فيهُم الإنسان
بطهرو وطيبتو ومعايبو
وفيهُم نبتة الإيمان
ومايشربش من دمك
ومايكونشي عليك سجان
بشر زي كدا وزيك

وايه عيبها أكون إخوان
لا سرقوا ف يوم و لا باعوا
ولا انحازوا لأي شيطان
ولا هانوا ولا يهونوا
ولا سابوا الشعوب تتهان
ولا ضلو ا ولا خانوا
ولا نطقوا في يوم بُهتان
سعيد جداً لو اعرفهُم
واصاحبهُم وأقول إخوان
وب ادعي بموت لسجانهُم
وتتطربق عليه أكوان
وبرضو ح اعود واخالفهُم
في رأي ويفضلوا إخوان
ما اخافش حيلعنو أهلي
ولا حينادوا ع السجان
نسيج من لُحمة الأمه
حيبقى ويفضل الإخوان

لسا

أكيد الحُزن لُه اخر
أكيد طبعاً
ما أنكرتِش
ولا ب انكر ولا ح انكر
ولا عاتبتو مايصحش
ب احايل فيا اصالحني
واقولي فوق كدا فرفش
وامنيني خلاص هانت
وب اكدب لسا ماتعبتش
واحاول فيا افوقني
لكني لسا مافوقتش
واقولي نِقنعو يمكن
وب ارجعلي ما اقنعتش
واعافر اخلص السكه
لكني لسا ماوصلتش
واراهني رهان خاسر
وكالعاده وما كسبتِش
حييجي يوم انا وافرح
دا إمتى لسا معرفتش
أكيد لما افهم الدنيا
لكني لسا مافهمتش

نمارده

مطلوب اتباع نمارده
وكمان قُطاع طريق
عقبال يومكو انهارده
بنكون في الفريق
قررنا نثور عليهُم
وحندخُل في الغريق
الجاهز يلا ينزل
نتقابل في الطريق
واللي مصهين بشوقو
بس مايبقاش برئ
ومايستناش مُسانده
لو طالو فيوم حريق
ويلوم بس انكسارو
ومايستناش صديق
ببساطه حيادو خانو
مابقاش ينفع صديق
صعب يكمل معانا
يعرف روح الفريق
اختار يعزف لوحدو
ما قدرش يكون جريء
مُش عاشق للنمارده
ولا قُطاع الطريق
طيب خليه بشوقو
ومسيرها عليه تضيق
يصحى يلاقي النمارده
برياتهُم ع الطريق
ثوار حق وحقيقه
مابقوش قُطاع طريق

دين كوهين

وشعوب على دين ملوكهُم
وملوك على دين كوهين
وكوهين دينو استباحو
كتبو بإيدو اللعين
غير كُل الشريعه
وكدب ع المُرسلين
واتمنى صَلَب عيسى
لكن ربك مُعين
وأُمو الطاهره العفيفه
في ورقهُم شيئ مُهين
راهن على دم يحي
باعوا وعارفين لمين
عارفين وملوكنا عارفه
لكن مستغبين
وكوهين ذات نفسو عارف
مابقاش فيه عندو دين
لكن دايماً نقاوح
ونقول لأ دا الفطين
ونبيع علشانو دُنيا
والأبشع بيعنا دين
والدين مابقاش بيعجب
بقى كوخه المؤمنين
والحل طبيعي جداً
نصبح اتباع كوهين
لازم نسمع كلامو
وكلامو يصير يقين
يصبح هوا الحقيقه
واحنا المسَخ اللعين
نمسح رجليه ونركع
نُطلب بركة كوهين

ندخُل دينو لمُلوكنا
وملوكنا ف دين كوهين
ونبيع كُل اللي فاضل
من نخوه وشبه دين

فوازير

فوازير بلدنا كتير كتير
محتاجه عالم في الفلَك
وتكون كمان دجال كبير
وتقول زُلال وسخ البرك
وضروري برضو تكون خبير
في الصمت وتِسد الحنك
وتهز ديلك للكبير
وتقوم بسُرعه على الكَنَك
تعدل دماغ سيدنا الأمير
وتقولو ياه ماأحسنك
قول أي شىئ يشبه لشىئ
وبأي شىئ حنفكرك
حبة كلام حبة غرام
واظبُط مزاجو يقدرك
مُش بالثقافه وبالعَلام
ولا بالهموم لا يفجرك
ولأي حاجه تقول تمام
وكمان تشخلل للدرك
بعديها صرت صحيح هُمام
والسعد قام يستنظرك

حروف مصر

مصر يعني الميم مُتاحه
لأي حد يخُشها
يستكين يغسل جراحو
وشهر صار من أهلها
داق طبيخها وحب نيلها
صان لعيشها وملحها
شهر تاني يكون مناسب
أعلي عيله ف بر ها
شهر تاني بيبقى مصري
وابن مصري
وفي الصلاه بيأمها
والجميع يعرف مقامو
وعنو تاخُد شرعها
من زماااان إدريس سكنها
وخاط بإيدو لبرها
توب محبه توب كرامه
دام ودايم أصلها
تستكين فتقول دي ماتت
فجأه يزعق أهلها
ألف حِلم وألف ثوره
وألف باب يفتحلها
وصاد صباحك قُله نادي
وشمس ساطعه فبرها
وكُلو بيتمتم يهادي
تنفرج ويحلها
ربك الرازق وجابر
كُل حي ف أهلها
وراء رجوله وعزه دايمه
وبركه باقيه فجُندها
بس هيا تقوم وتزعق

فجأه تُنفُض همها

ميم وصاد والراء حروفها

وباقيه دايمه لأهلها

وللغريب لو شوقو غلبو

وجابو يسكُن برها

ودايماً

ودايماً طبعاً اخذلني
ف نتخاصم وكالعاده
ويبدأ كُل مابينا شكاوى
شتيمه متعاده
وتتفرج ياصاحبنا
علينا تبُص بسعاده
كأنك يعني متصالح
مع نفسك وبزياده
مع إنك سفيه زي
وفاشل برضو كالعاده
يجيلك وقت تتخانق
مع نفسك وتتمادي
واحاول ان اصالحكُم
فتهدا وحبه تتراضى
واقولك عيب بقى كبرنا
تبُص ترُد ببلاده
كلام بايخ مالوش لازمه
وتظظُرلي وكالعاده
كبرنا دي كلمه ممنوعه
انا ورور وبزياده
فبضحك فيا واهمسلى
واهز دماغي كالعاده
واقولي إمتى ح اخذلني
ونتخاصم ونتراضى
نشيد دايم وساكني
ولا بتتغير العاده

تبقى بمبي

لو حبة رقاصيين
وكبير مسنود عليه
خُلصت كُل المشاكل
وحاعوز م الدُنيا ايه
حافرح وارقُص وادندن
يتقالى كمان يابيه
تبقى المحروسه بلدي
واقبض مليون جنيه
من غير ولا أي شُغله
ولا لازم ب افهم ايه
صوت التعريص كفايه
وكبير مسنود عليه
إسمو يسوي الهوايل
ولا حد يقولي ليه
صادق دايماً وفاهم
وأكيد طبعاً يابيه
أُستاذ مظبوط كلامك
مين بعدك يفهم ايه؟
فاهم وفكُل حاجه
ودا مُش تعريص يابيه
ولا جوخ ولا أي حاجه
عاش المسنود عليه
ويدوم وتدوم في عزو
دايماً غانم يابيه
كُل المحروسه ملكك
واللي تشاور عليه
يتمنى يكون تُرابك
وكمان دا كتير عليه

ذليل

في انتظار الأُمه تصحى
وانتا قاعد مستخبى
واما كلب صليبي ينده
تجري وبتلبسلو بمبى
تمسك الصاجات وترقُص
تنشكح وتقول ياقلبي
تبتسملو تهز اكتر
وانتا هامس اه ياحُبي
تنتفض م النشوه تُصرُخ
غنج أصلي ومُحن عربي
بعدها تقرب وتسجُد
وانتا صارخ أمر ربي
وتبقى ساجد عند رجلو
وهوا من دمك يعبي
ودا اللي فاضل م العروبه
مخصي يُحكُم شعب مسبي
فضفضه وقعده بغايا
والجراب بكتير معبي
هلس ماشي خيانه ماشي
وأي صوت بتقوم تلبي
إلا صوت الحق تتعب
ترتعش وتقول ياجنبى
والمُتاح منك سقوطك
والركوع واللبس بمبي
لأي كلب صليبي عازي
والسجود وتقول دا ربي

بيوت

ريحة الشوارع والحارات
ريحة البيوت
يا نسيم يهب ويأسرك
يا قوام تفوت
وانتا وغرامك والنصيب
مع دي البيوت
ياتكون أسرها بضحكتك
وعاشقها موت
ف تشوف صبايا بتبتسم
ويغني صوت
شبابيك تبوحلك سرها
عاشقاك تفوت
تستنى تهمس خطوتك
تنهي السكوت
حلمانه بُكرا يكون فرح
وتعلى صوت
زغاريد كتيره ملعله
وضاحكه البيوت
ويا إما صمت يزلزك
تبدء تفوت
محزون وكاره خطوتك
أخرك سكوت

مأنتخين

بالنيابه عن الديابه
وناس كتيره مأنتخين
في البلد دي بقالنا ياما
من زمان ومكملين
مهما تتغير ملامح
مهما تتبدل يادين
كُل عصر ولينا دوله
ولينا مله فكُل دين
من شروق شمس الحضاره
لحد ماتعدى السنين
كُل حي يروح لقبرو
واحنا برضو مكملين
وانتو لسا الشوق واخدكُم
لسا فيها مأملين
في انتظار شمس العداله
وانتظار يخفى اللعين
واللعين أبداً مايخلص
يخلفوا دايماً لعين
وانتو طبعاً برضو خلفه
طيبه وبتقول امين
كُل فين بتقوم تزرجن
بس ترجع طيبين
تعتذر تركع زياده
وتنوي برضو مكملين
بصوا يا اخوانا الغلابه
وبص ياض يامُهمشين
بالنيابه عن الديابه
وناس كتيره مأنتخين
فرصه حلوه سعيده جداً
وانتو برضو مكملين

خدمه ف سياد البلد دي
ودومتوا فيها الطيبين
واحنا دُمنا كتير دايبه
ودُمنا برضو مأنتخين

مُلوك يوليو

واللي قام بالثوره خدها
راح ملك جه ملوك كتيره
واحنا دورنا بس نهتف
وانتي بتصيرى الأسيره
مُلكُهم يكبر ويعلا
واحنا بنزود جبيره
للكسور وفكُل حته
ونبتدي نخُش الحظيره
أكل مُمكن شُرب مُمكن
فِكر لأ ودي الكبيره
هيا دي أُم الكبائر
بعدها بتبدء مسيره
نكسه ماشي وكسه ماشي
واحنا بنزود جبيره
كُلو بيغير في جلدو
وفجأه صار مُلاك كتيره
كُلهم على دين مُلوكُهم
وانتي بتصيري الأجيره
وألف بركه الثوره قامت
راح مِلك جه ملوك كتيره
وانتي بتعدي ف ديونك
واحنا بنزود جبيره
كلافين صبحت ملوكك
واحنا سُكان الحظيره
يحيا يوليو ويوليو يحيا
وبالسلامه يادي الأميره
فجأه تبقى الدُنيا كاكي
وانتي تبقي على الحصيره

الكأبه

الكأبه وبعدها برضو الكأبه
مية قصيده ومية روايه
وبرضو بتزيد الكأبه
ألف ليله وألف قصه
والمزيد من دي الكأبه
والحنين لكتير أغاني
تنقلب فجأه لكأبه
والشوارع هُس ساكته
والسما تمطر كأبه
والحارات عتمه ومُريبه
صمتها بينطق كأبه
والبيوت قفلت بيبانها
باهته مليانه بكأبه
بعدُهُم رحله وطويله
للهروب من دي الكأبه
والمسافه بعيده جداً
والطريق مليان كأبه
والرفاق في الرحله ضِلك
واللي تالتكو الكأبه
في الرحيل لبلاد جديده
حرروها من الكأبه
ويلا نُدخل تلقى يافطه
مرحبا ف دُنيا الكأبه

حد فاهم؟

حد فاهم في البلد دي
أى حاجه
فايقه يعنى وماسكه روحها
ولا تايهه وشاربه حاجه
عملوا فعلاً جمهوريه
ولا مازال الخواجه
واستقلت يعنى فعلاً
ولا بس دا في الديباجه
للدساتير الكتيره
واللي مليانه بلجاجه
عن وعود وحقوق وتسأل
نُلت منها أى حاجه
وان صرخت وقُلت مصرى
هل دا يعني بيعنى حاجه
غير سجون مفتوحه جاهزه
والكلام مليان سماجه
عن حقارتك عن أُصولك
وانتا مرمي كأى حاجه
والسؤال هيا استقلت
ولا مازال الخواجه
وحد قادر فيها يفهم
أو يميز أى حاجه

مليار يناير

ثوره واحده مُش كفايه
ع اللي حاصل واللي داير
محتاجين مية ألف ثوره
ومحتاجين مليار يناير
كُل ليله وكُل ساعه
وكُل لحظه تهب ثاير
لو صحيح لساك عاشقها
ولو صحيح الدم فاير
محتاجين الحلم يكمل
نبتدي ف كسر الدواير
واللي زادت تاني واكتر
لما فجأه الكُل ساير
قفل الشبابيك وريح
وابتدا ينزل ستاير
رجعوا أفجر مما كانوا
وابتدوا يعموا البصاير
وابتدوا يعدونا تركه
وفرقونا كتير دواير
مُستحيل يكسرها غيرك
وانتا قايم وانتا ثاير
غير كدا راحت علينا
واللي فاز هُما بيناير

فُضَّها

فجأه بتقفل تعاند
تديلك ضهرها
مع إنك حد طيب
ومهاود أمرها
مالت بتميل معاها
عدلت بتحبها
عاشق كُل اللي فيها
ميتها وحيها
ولا عُمرك يعلى صوتك
ولايوم تردحلها
أو حتى تعلى حسك
ولا تلعن همها
راضي بكُل اللي جايلك
ونصيبك منها
شايك سُكر زياده
وسجاره تشدها
طبعاً كالعاده غليت
وخلاص بطلتها
مُش لازم شاي بسُكر
والفرط يحلها
مُش لازم علبه كامله
ونجرب فرطها
مع ذلك برضو تقفل
تديلك ضهرها
خايف لا تكون رساله
بتغالط فهمها
بتقولك راح زمانك
واتفضل فُضها

يابلاد

يابلاد مش ناويه تعقل
ولا عايزه تجيبها بر
عواجيز ع الدفه نايمه
وشباب بيبيع جزر
وتنادي يابُكرا إمتى
يتقال اصرِف نظر
كان فيه لكن جَبرنا
والكُل بيتعذر
بيبيع حتى الحديده
والحلم بيتحظر
تفضل عواجيزها نايمه
ع الدفه بتنتظر
يمكن حتصيب في مره
ومعاهُم تتستر
يتحقق وعد واحد
مره نعدي الخطر
تخرب كالعاده رجعوا
بيقولوا نعيد نظر
وشباب ع القهوه قاعد
يِنسج مواويل ضَجَر
ويشوف عواجيزها
نايمه والدفه بتنتحر

إمام الخيبه

من بلاد الحكمه خيبه
والكريم دايماً يُضام
واللي عالم يبقى أهبل
واللي مُش فاهم إمام
شيخ طريقه كبيره جداً
كُلو بيبادلو الغرام
والجميع يسمع كلامو
وأى حاجه نقول تمام
حتى لوينكر حقايق
تبقى شمس يقول ظلام
كُلنا بنهتف برافو
كُلنا نماشى الكلام
واللي شايف يبقى مُجرم
يبقى لعنه وكوم كلام
عن عِمالتو وعن خيانتو
وعن خساستو وسعرو كام
وانو منزوع الكرامه
وانو معدوم العلام
سُبه في جبين البلد دي
والخلاص لازم قوام
منو من كُل اللي زيو
بعدها تعظيم سلام
واستقر الأمر طبعاً
واحنا أتباع الإمام
شافها فاتحه شافها غامقه
دورنا بس نقول تمام
ندعى علمو يدوم علينا
مهما بيزيد السُخام
والبلد بتبات فى خيبه
صابحه تندب ع الحُطام

احنا أتباع الطريقه
وهوا مولانا الإمام
مُستحيل نعرف ونفهم
أد مولانا الإمام

دوايرك

فجأه بتقفل دوايرك
مُش عارف تعمل ايه
مابقاش فيك حد فاضل
ولاشئ تسنِد عليه
والحلم خلاص بيخلص
من غير ازاي وليه
دايماً مسكون بحُزنك
ولا شئ تشتاق إليه
غير بس يادوب بتنحت
موتك تنده عليه
والصمت يصير جليسك
هايب حتى تلاغيه
بتشاور وانتا ساكت
أو كاره تحتويه
مع إنو حزين وزيك
مُش عارف يعمل ايه
دبلان شاخت ملامحو
ومافيش حل ف إيديه
مستني ف مره تنطق
أو يوم تنده عليه
ويشوفك شبه باسم
ينطق ويقولك ايه
نرجع للحلم تاني
ولا نقفل عليه
ترجع تقفل دوايرك
مُش لاقي تقولو ايه

حد تانى

لما فجأه بتلقى نفسك
حد تاني
حد مُحبط حد مُتعب
حد هجراه الأماني
واللي باقي بس عجزك
والحنين لكتير أغاني
والملامه كتير لنفسك
ليه ماكُنتش يوم أناني
ليه ماعشتش ليك لوحدك
ليه ما خبيتش المعاني
كان زمان الحلم ساعك
دُنيا سهله وبر تاني
ساكنو بس يادوب لوحدك
مُبتسم رايقه القناني
والبراح على أد شوفك
والحياه طارحه الأماني
وانتا بس تمد إيدك
تشتهي وتُحصد أغاني
كُل شيئ في الكون يصالحك
والسنين بتفوت ثواني
بس ياخساره انتا مُحبط
مُكتئب أو حد تاني

مكلمه

كُلنا الكداب وجداً
شُغلنا وبس الكلام
واما ترجع تاني تخرب
نبتدي نلقح ملام
ع الظروف واصل المؤامره
واللي كارهين النظام
واللي مُش عايزينا نكبر
نمشي خطوه للأمام
واللي قاهرهُم نجاحنا
وعشقنا لسيدنا الإمام
مهما بيزودنا محنه
برضو بنبادلوا الغرام
في الجرايد في الإذاعه
يبدأ المُحن التمام
كُلهم ناصح وعارف
كُلهم شيخنا الهُمام
بس ساعة الجد خيبه
والسماع ليهُم حرام
همُهم تلميع سيادهُم
مهما كان حجم السخام
كُلهم مُبدع وجداً
كُلهم حريف كلام
إنو يعني خلاص حتفرج
وأنهُم مسكوا اللجام
واللي فاضل بس تَكه
يصبروا شويه اللئام
واللي طبعاً هُما احنا
احنا اعداء الكرام
اللي هُما سياد بلدنا
ومُدمنين رص الكلام

كُل يوم بـ تزيد حروفهُم
واحنا عُباد النظام

كُل يوم بـ تزيد حروفهُم
واحنا عُباد النظام

تعب

زِهِقت اترجى في روحى
تعبت كلام مع نفسي
ب احاول اوائم الدُنيا
وب اتعايش مع يأسى
ومُش واثق أوي ف بُكرا
ولا مُغرم أوي ب أمسى
واديني مكمل الرحله
مصاحبني وجع همسى
ومُش عارف أكون فارس
ولا عنتر ولا عبسى
معاركي محايلة اللُقمه
لحد الدُنيا ما تمسى
وبعديها سراب عاجز
ومرمي فوق خيال كُرسى
وحلم ببُكرا راح تفرج
ولا بتفرج ولا ب ارسى
على شبه اقتناع حتى
بإني ح القى يوم نفسى
أو اتصالح مع الدُنيا
تحاول مركبي ترسى

شِبه عرب

أوعى حد فيوم يضِلك
يخدعك يكدب عليك
بالعروبه وباللي بينا
وأد ايه الشوق إليك
كُلُهُم كداب وخاين
كُلُهُم ناصب عليك
لو ريال اداك يعايرك
ياخدوا من حبة عينيك
فجأه يبقى الدم ميه
ويشفى فيك يدبحك
كُل ذرات الكواكب
تنتحب فجأه تناديك
قوم ياعم اديه ريالو
كُلنا بنترجى فيك
خلصك واحفظ كرامتك
واترحم من ذُلو فيك
بس لو غالب يحايلك
يعبُدك ويبوس إيديك
كُل ساعه يقول قصيده
طارحه بالحُسن اللي فيك
وان حظو انو ابن عمك
في النسب منسوب إليك
وانتا عارف امتى يسكُت
لما تخلص حاجتو ليك
هُما دول عرب الزمن دا
ودا اللي جابو البخت ليك
بعد حاتم بعد هاشم
تلقى دا فدُنياك شريك
ف اوعى حد فيوم يضِلك
يخدعك يكدب عليك

وانتظر تطرح عروبه
ينتهى الهم اللي بيك
اخ جد صحيح حقيقي
يعشقك ويخاف عليك

المحتويات

Don't miss out!

Visit the website below and you can sign up to receive emails whenever طارق التريري publishes a new book. There's no charge and no obligation.

https://books2read.com/r/B-A-KEUT-GMUYB

BOOKS2READ

Connecting independent readers to independent writers.

About the Author

منشوراتي
في بلاد الأي حد
قلبي اللي عشقك
إنفصامستان
وجع القصيده
كُل العساكر كدابين
الصُبح في بلادي
شباكي الفاتح
سُلطان العاشقين
قُليل لما باشتاقلي
دوايرك
دم الحُسين
على باب الله
صباح القُدس
عند باب الحلم
لماكانت مصر دوله

ذكريات الميدان
التُهمه عربي

Read more at tarqablog.blogspot.com.